변용 & 변형

지성.감성의 메타언어
조선문학사시인선.977

변용 & 변형

김 미 화 시집

조선문학사

■ 책머리에

시인의 말

다섯 번째 시집을 내놓습니다.
철들지 못하고 나이만 드는 그런 느낌입니다.
시는 깊어지지 못하고 한숨만 늘어갑니다.

저는 바람이 좋습니다.
그의 자유로움이 변덕스러움이
살아있다는 가슴의 두근거림인 것만 같습니다.

바람과 비슷하게 좋은 시간이 밤에서 새벽으로 가는 시간
왠지 새벽으로 들어가는 시간은 나만의 자유시간인 것 같습니다.
나는 알강생이로 새벽까지 나만이 알고 있는 민낯이 부끄럽지 않은 시간, 그 새벽의 숨소리도 사랑합니다.

시집 타이틀을 『변용 & 변형』로 했습니다.
기성·기존의 것을 새롭게 탄생시키는 길은 변용과 변형밖엔 없다고 생각했습니다.

사실에의 반역을 통한 기존·기성에의 철저한 실패만이 시적 형상화에 기여할 수 있다고 믿어졌기 때문이고 이러한 시법에 충실하고 싶어서였습니다.

박진환 교수님께서 주신 귀한 가르침 몸 낮추고 감사히 받겠습니다.

2025년 초하
김미화

변용 & 변형 차례

책머리에_시인의 말 / 5

제1부 밤은 위험해

게으름·1 / 14
게으름·2 / 15
겨울밤·1 / 16
겨울밤·2 / 17
길 위에 선 삶·1 / 18
길 위에 선 삶·2 / 19
김장김치·1 / 20
김장김치·2 / 21
낮달·1 / 22
낮달·2 / 23
달·1 / 24
달·2 / 25
대나무·1 / 26
대나무·2 / 27
바다·1 / 28
바다·2 / 29
밤은 위험해·1 / 30

밤은 위험해 · 2 / 31
보름달 · 1 / 32
보름달 · 2 / 33
부부 · 1 / 34
부부 · 2 / 35
사람 · 1 / 36
사람 · 2 / 37
새벽은 · 1 / 38
새벽은 · 2 / 39
어머니 · 1 / 40
어머니 · 2 / 41
짝사랑 · 1 / 42
짝사랑 · 2 / 43
퇴근길 · 1 / 44
퇴근길 · 2 / 45
하늘과 땅 · 1 / 46
하늘과 땅 · 2 / 47

제2부 삶

가지치기 · 1 / 50
가지치기 · 2 / 51

공원에서 · 1 / 52
공원에서 · 2 / 53
나목 · 1 / 54
나목 · 2 / 55
너와 나 · 1 / 56
너와 나 · 2 / 57
노년 · 1 / 58
노년 · 2 / 59
늦가을 · 1 / 60
늦가을 · 2 / 61
담쟁이 · 1 / 62
담쟁이 · 2 / 63
사랑 · 1 / 64
사랑 · 2 / 65
석양 · 1 / 66
석양 · 2 / 67
석양 · 3 / 68
석양 · 4 / 69
석양 · 5 / 70
석양 · 6 / 71
세상이 · 1 / 72
세상이 · 2 / 73
세월 · 1 / 74

세월·2 / 75
야생화·1 / 76
야생화·2 / 77
야생화·3 / 78
야생화·4 / 79
오월·1 / 80
오월·2 / 81
외로움·1 / 82
외로움·2 / 83
유리창·1 / 84
유리창·2 / 85
유월·1 / 86
유월·2 / 87
인연·1 / 88
인연·2 / 89
정·1 / 90
정·2 / 91
책 냄새·1 / 92
책 냄새·2 / 93
초여름·1 / 94
초여름·2 / 95
초여름·3 / 96
초여름·4 / 97

제3부 계절

봄·1 / 100
봄·2 / 101
봄·3 / 102
봄·4 / 103
봄·5 / 104
봄·6 / 105
봄·7 / 106
봄·8 / 107
꽃샘추위·1 / 108
꽃샘추위·2 / 109
밤비·1 / 110
밤비·2 / 111
가을·1 / 112
가을·2 / 113
늦가을·1 / 114
늦가을·2 / 115
은행나무·1 / 116
은행나무·2 / 117
겨울·1 / 118
겨울·2 / 119
눈 오는 날·1 / 120

눈 오는 날·2 / 121
눈은·1 / 122
눈은·2 / 123

제4부 시집 평설

변용과 변형의 시법 실천 돋보여_박진환 / 126

제1부

밤은 위험해

게으름 · 1

조금만 조금만 하던 것이
이제
부담으로 다가오는 하루

게으름 · 2

조금만
조금만 미루며
게으름 피우다
하루로부터 쫓겨난
내어 던져짐

피둥피둥 놀며
미루다 미루다
밀려나 버림받은
하루 밖으로 내어던져진
게으름

겨울밤 · 1

나는 외롭고 외롭다
나는 외롭고 외롭다

소리치고 뒹굴고
대자로 나자빠져 보지만
뒤돌아보는 이 없다
손잡아 주는 이 없다

제 몸뚱이에
제 머리를 부딪쳐
타종하는 종처럼

쇠똥구리 쇠똥 굴리듯
외로움을 굴리고 굴려
깊어지는 겨울밤 파먹고 있다

겨울밤 · 2

외로움이
눈발이 되어 소리로 쌓인다

밤의 두께보다 겹을 더한
두께로 켜켜이 쌓인다

동토의 소똥구리 한 마리가
외로움을 굴린다

밤새 굴려 커진 외로움의 무덤 하나
쇠똥구리는 지금 무덤을 파먹고 있다

길 위에 선 삶 · 1

길은 험하다
높낮이가 있는 인생처럼

길을 가다 보면
보이지 않던 길이 있어
매번 선택해야 한다
선택하고 나면
또 선택

인생이라는 길 위에
우리는 나그네

나그네의 삶은
머물 수 없는 바람 같은 것

길 위에 선 삶·2

길은 험하다
높낮이
굴곡이 있는 인생처럼

길을 가다 보면
가야 할 길
가지 말아야 할 길과도 만나고
가지 않아서는 안 될 길과도
만난다

인생을 나그네라 했던가
느티 그늘
그늘 밑 벤치 있어 쉬어가기도 하고
고달픈 노독을 풀다 가기도 한다

고독을 발자국 삼아 찍고 가는
행려의 길 골라 딛는
삶이란 길이 이러하다

김장김치 · 1

엄동설한
칼바람 불어
온 세상을 얼려버리는데
아랫목도 아닌
김장독에서 김치는 익어간다

김장김치 · 2

모든 성장과
생존이 멈춰버린
삼동
삶마다 결빙 못 면하고 사는데
아랫목도 아닌
김장독에서
발효 숙성으로 익어가는 김치

낮달 · 1

지난밤
미처 챙기지 못한 것이 있었나 보다

밤을
지새워 혈색 없는 얼굴로

해가 중천인데
집에 가질 못하는구나

낮달 · 2

째려보지 말거라
어둠으로 가릴 수 없는
훤한 대낮의 부끄러운 삶
감추지 못해
벌겋게 붉힌 부끄러움의 민낯을
째려보는 낮달

달·1

커튼 사이로 달이 밝아
잠 못 든다고 투정하였더니
그새 멀어져 검은 하늘만 보인다

이제 제 갈 길 가야 하는
아들 따라가는지
저만치 가는 달

너는 아나 보다
어미 맘을
같이 잠 못 드는 게

달·2

숙면의 단잠일 땐
커다란 동그라미에
불가한 무다

잠들지 못한 불면일 때만이
너는 그리움이고
외로움이고 슬픔이 된다

비로소 존재로 태어나는
동그라미에 그려 넣은
눈과 귀와 코의 항아님

대나무 · 1

임금님 귀는 당나귀 귀

혼자 감당하기 어려운 비밀을
바람에게 풀어 놓는 듯

밤새
웅웅 거린다

대나무·2

속을 비워야만
높이에 가 닿을 수 있는
무욕

달밤엔 대금도 되고
피리도 되어
소리하다가도

바람 부는 날엔
통곡도 되고
흐느낌도 되어 운다

무욕의 마디마디
소리로 채우면
비로소 대나무는 악기가 된다

바다 · 1

갈매기는 쪽빛 바다를
내 앞에 끌어다 놓고 날아가 버렸다
모래톱을 핥아 대는 게
내게 할 말이 있는 거 같은데

말하지 않으면 나는 알 수가 없다
고롱고롱 아기처럼 잠자는 바다도
바람의 광대가 되어 미친 듯이 날뛰는 바다도
무엇을 말하고 싶은지
알 수 없다

저 멀리 등대는
바다를 지키는 것일까?
갈매기의 부표일까?
적어도 나의 것은 아니지

말을 한다면
나의 것이 될 수 있을까?

바다 · 2

갈매기는 쪽빛 바다를
내 앞에 끌어다 놓고 날아가 버렸다
모래톱을 핥아 대는 게
내게 할 말이 있는 것 같은데

말 대신 개펄에
메시지를 남기고 갔으나
해독할 수가 없었다
그중 한 줄을 읽었다 '바다를 받아로 읽어보라'

먼 산 산계(山溪)의 토악질
시궁창 걸어온 삶의 찌꺼기
모든 버린 것을 마다않고
죄다 받아준 바다

저 멀리 등대는 바다를 지키는 것일까?
갈매기가 그리는 동그라미 속에
갇혀 있는 것일까

바다에서 수용의 슬기
받아를 배운다

밤은 위험해 · 1

밤은 위험해 12시를 넘긴 새벽은 더 위험해
아주 친한 척 다가와
조각난 기억을 모자이크해서 진실을 만들지

잠들지 못하는 시간은 괴물 같아
생명을 부여받은 듯 나를 흔들어

까만 망토를 펼치고 사악하게 미소 짓는 너에게
파블로프의 개처럼 내 모든 것을 털어놔
어둠이 다 가려줄 거라 믿으며
깜빡 잠이 들고 빛무리가 다가서면 후회해
너무 어이없는 어리석음에

밤은 위험해 새벽은 더 위험해
그러면서 나는 자랐어 비웃지 마!
가식을 털어내지 못한 벌을 받고 있을 뿐이야.
민낯으로 아침을 맞이할 준비가 안 됐을 뿐이야

밤은 위험해 새벽은 더 위험해
그때만 진실한 내 모습일지도 몰라

밤은 위험해 · 2

밤은 위험해
12시를 넘긴 새벽은 더 위험해
아주 친한 척 다가와
조각난 기억을 박음질로 모자이크해서
나를 괴물로 만들지

밤이 위험한 것이 아니라
밤이 나를 괴물로 알고
무서워하는 것이지

하루를 가식으로 살다
나로 돌아온 밤의 나는
까만 어둠을 망토로 걸쳤어

밤이 위험해가 아닌
내가 무서움이 되는
복면의 무법자

보름달 · 1

까~~~꿍
통통한 살집에 뽀얀 얼굴
휘어지는 눈
올라가는 입꼬리

달이 떴네
울 아가 얼굴에 보름달이 떴네

얼마 안 남은 한가위
보름달 걱정은 안 해도 되겠다

보름달 · 2

만월로 풍선이 된
보름달

제 바람기에 달떠
달로 뜬 보름달

밤내 갉아댄 귀또리의
시린 이에 갉아 먹혀

허리가 잘려나가
구부러진 그믐달이 된 보름달

부부 · 1

붉은 실타래 풀어
청등 홍등 걸어놓은 지
어느새 사십 년이네

이가 맞지 않던 톱니바퀴는
기름칠한 듯 매끄러워졌는데

조금씩 삭아가는
당신이 눈에 밟혀
가슴에 얹혀
내려가지 않는 체기처럼
가슴을 꾹 눌러오니

묶은 세월처럼
살아가야 하는 날들도
서로의 둥지가 되어주면 좋겠네

부부·2

실 가는데 바늘 간다던가
바늘 가는데 실 간다던가
부창부수가 그러하지 않던가

천생연분 하늘이 맺어준 인연이라 함이니
어찌 연과 결과 합함의
하늘의 이치 좋음이 아니던가

행복의 근원은 가정이란 말
부부가 가꾸는 것이 가정이리
부부란 행복의 경작자란 뜻

함께 하는 집이 있고
방이 있어 소유하고 방어하는
삶이 부부의 삶

천생연분 지키는 일
지키며 살아가는 일이 가정 지키는 일
가정의 주인이 부부 아니던가

사람 · 1

벌레가 기어간다
몸을 낮추고 기어갔을 뿐인데
사람의 얼굴을 가진 사람이
발로 밟는다
더러운 거라며

밟아 죽인 그들은 깨끗할까?

사람 · 2

벌레가 기어간다
허리를 일으켜 세웠다 낮췄다
폈다 접었다
벌레가 지나간다

어느 발길에 밟힐지
생의 조건은 발을 피하는 일
옛 승려들은 벌레를 밟지 않기 위해
길이 아니면 걷지 않았다 안 했던가

미물과 만물의 영장은
어떻게 다를까
같을 수 없음을 생의 조건으로 하고 살면서
답은 조건의 몫 아니던가

새벽은 · 1

새벽은
어둠도 밝음도 아닌
어정쩡한 색깔로 온다

새벽은
이슬 머금은 풀을 밟고
청량함을 펼치며 온다

어둠 속에서
밝음을 두려워하지 않고
제 몸을 빛으로 물들이며 온다

어제를 보내고 오늘을 맞이하는
새벽은
내일로 가는 시간 속
한 점이란 걸 알고 온다

새벽은 · 2

새벽은 어둠의 보자기에 싸서
납치돼 왔다가
복면을 벗고 현관 밖으로 쫓겨난다

빛과 어둠 사이로
길이 하나 열리고
하루가 들어선다

아침을 맞으면서
간밤 꿈 부스러기를
쓰레기통에 버린다

하루에의 도전이거나
필사의 투신인
오늘에의 돌진

어머니 · 1

차갑게 얼어붙은 산에
혼자 눕혀놓고 내려오면서
그 빈자리 어찌할까 했는데
살아지더이다
헛헛한 눈물의 시간이 줄고
옆에 남은 사람에
위로받으며 살아지더이다
누구도 채울 수 없는 당신이지만
그래도 살아지더이다

그래도
가슴에 콕 박힌 가시처럼
잊혀지진 않더이다

어머니 · 2

지금은
가신 어머니의 빈 자리가
허무로 남아 있다

세상 그 어느 것
그 무엇으로도 채울 수 없는
공허

어머니의 은혜를
하늘보다 높고 넓다 했지만
불효는 높고 넓음을 다 채우고도 남는다

여백이 아닌
허무 자체
풍수지탄(風樹之嘆)이 이러하다

짝사랑 · 1

난 나무가 되고 싶어
너의 그늘이 되고 싶어

나는 바위가 되고 싶어
너의 등이 쉴 수 있게

그런데
심장이 아파 잠을 잘 수가 없어
너에게 움켜쥐어 숨을 쉴 수가 없어

그런데도
나는 너만 바라봐

짝사랑 · 2

난 가지 많은 나무가 되어
네가 쉴 그늘이 되어주고 싶다

난 바위가 되어 너의 등이 되어주고
침묵으로 사랑을 답하고 싶다

난 꽃이 되어 너의 이름으로
피어나고 싶다

피어나 너의 꽃이 되고
꽃이 되어 너와 하나가 되고 싶다

퇴근길 · 1

꿉꿉하게 내리는 장맛비
모든 것이 귀찮은 오후 일곱 시
산소 찾아 떠오르는 붕어처럼
서두르는 퇴근길

빠르게 편하게 가겠다고
만든 도로에 갇혀 버린
자동차 헤드라이트는
벌게진 눈알로 서 있다

꼬리에 꼬리를 물린 행렬은
붉은 창자처럼
어둠이 시작되는 도로에 늘어진
퇴근길

퇴근길 · 2

꼬리에 꼬리를 물린
행렬이 정지상태다
체증
조급증은 한사코 시동을 거는데
엔진은 끄떡도 않는다

쌍불이 켜진다
갑충의 눈에도
운전대의 기사 눈에도
쌍불이 켜진다
고스톱과는 달리 켜진 채 명멸하지 않는다

따뜻한 휴식에의 기대가
짜증으로 바뀐다
짜증이 분노로 이동하면서
험구가 된다
험구에도 뚫리지 않는 체증이
빨간불을 켠다

하늘과 땅 · 1

하늘에서 눈이 내린다
땅에 그리움을 쌓듯
하늘은
이 많은 그리움에 얼마나 아팠을까?
땅은 그리움을 가슴에 안고
얼마나 더 기다려야 할까?

하늘과 땅·2

하늘과 땅 사이로
눈이 내린다
내려 쌓인 눈 위에
발자국이 찍힌다
어느 날이었던가
함께 걷던 눈길이 열리고
열려 나란한 발자국이
그리움이 된다
그리움이 되어 추억으로 찍힌다

제2부

삶

가지치기 · 1

아프단다
하지만
제멋대로 뻗는 가지를 자르지 않으면
네가 힘들단다

곧게 자라지 못하면
삶의 무게가 기운단다

쭉정이를
자르지 못하면
내 사랑이 부족한가 싶단다

나도 아프단다
이것이 너에 대한 내 사랑법이란다

가지치기·2

내 사랑법은
가지치기다

곧게 키우기 위해
굽지 않게 키우기 위해

쭉정이를 자르지 못하면
상한 것이 상한 것을 상하게 한다

마음의 가지라고 다르겠는가
시퍼런 톱날 하나 지니고 산다

내 사랑법을
실천하기 위해

공원에서 · 1

햇볕 가득한 공원
유모차 끌고 나온 여자가
가을볕에 하늘을 받들고
벤치에 앉아 있다
두 다리 쭈욱 뻗고
조금 남은 온기를 즐기는 듯

나들이 나온 붉은 단풍과
한가로운 사람들
그리고
봄 햇살 같은 아기를 보며
아름다운 가을을 본다

공원에서 · 2

수직으로 햇살이 떨어지는
공원
벤치엔 길손

길손 앞을 지나가는 유모차
유모차엔
갓난애가 가을 한나절과 동행한다

세상의 잡티가 묻지 않은
무위의 순수로
가을이 익어간다

나목 · 1

몇백 년의 겨울을 맞으며
사는 것 같지 않게
맨몸으로 삭풍을 맞으며
기다리고 인내하는 나무

반백 년 조금 더 살고
세월이 무상하다
사는 게 덧없다
헛소리 날리다

얼어붙었던 가지에
생명이 시작되는 걸 보면서
배웁니다
기다림과 인내를

나목 · 2

삼동(三冬)으로 서서
봄을 꿈꾼다

꿈속엔
따뜻한 체온의 그리움이 있고
그리움 속엔
꽃으로 피운 대춘과
대춘으로 개화할
꽃씨가 들어 있다

꿈꾸는 나목과
나목의 꿈 사이로
가느다란 길 하나가 열린다

너와 나·1

매혹적인 눈빛이 없어도
다 알 수 있는
그런 것

가슴 설레는 속삭임이 없어도
알 수 있는

네 마음
내 마음

너와 나 · 2

너와 나는
눈으로 말한다

가슴으로
하는 말도 있다

눈으로 당기면
다가와 하나가 된다

가슴으로 당기면
끌려와 우리가 되는

노년 · 1

얼음을 뚫는 강인한 생명력이 아니라도
오월의 찬란한 반짝임은 아니라도

가을날 서서히 물들은
낙조 같은 평안함

평범함 속의
여유로움

군고구마 구워
서로 나눌 수 있는 그런 마음

노년·2

세월로 맞는
황혼녘

이마엔 듯
가슴엔 듯
걸린 비단 한 자락

씨줄과 날줄로
문양한 비단폭엔
인생의 주름이 새겨져 있다

깊이 파일수록
지워지지 않는 골로 이마한

늦가을 · 1

쪽빛 하늘이
내어준 가슴 한쪽
붉은 비단 펄럭이듯 곱습니다

겨울 입구
억새가 바람에 시달릴 때
그때가
제일 시리게 아름답지 싶습니다

생기발랄한 봄이 제일이다 싶었는데
모든 것 다 내어주고
빈 늘녘을 붉은 노을로 채우는 것도
괜찮다 싶습니다

이른 오후의 잔열로
따뜻하게 느껴지는
가을날입니다

늦가을 · 2

산허리에 감긴
비단자락이 곱다

노을이라 했던가
저무는 늦가을 만추의 빛깔도 곱다

고운 것과 고운 것이
어찌하여 비감으로 채색되는가

빈 들녘의 삭발
지나가는 바람자락에도 비감이 물려 있다

돌아감을 안 때문일까, 돌아가는 가슴에
한자락 비단이 놀로 걸려있기 때문일까

담쟁이 · 1

뼈대만 남은 담쟁이
지난여름 짙푸르게 기세를 키워댔었는데
기억할 수도 없게 앙상해진 몸뚱이로
차가운 담벼락을 움켜쥐고 버틴다

한때
하늘과 닿을 수 있을 줄 알고
위로 옆으로 밧줄 엮듯 기어올랐는데
봄 여름 가을 겪으며
세상 이치 알아가니

헐벗은 겨울은 힘들어도
놓을 수 없으니
붙어 있을 수밖에
그 이상도 이하도 아니다
살아있으면 버텨야 하기에

담쟁이 · 2

기어오르는 데는
도사급이다
닿는 촉수마다 한 단계씩
계단을 쌓아올린다

빛깔의 채색성에도
달인급이다
제일 먼저 가을을
얼굴에 칠한 것이 담쟁이다

왜 얼굴은 붉힐까
기어오르던 문틈으로
들여다본 신방
못 볼 것을 본 때문일 듯싶다

사랑·1

모든 것을 날려버릴 듯 바람이 불던 날
잔잔하게 선을 긋던
바다가
신병에 걸린 듯 날뛰던 날

그날
바다는 바람과 사랑에 빠졌다
그리고 바람은 떠났다

알 수 없었다
무엇이 바다를 할퀴는지
자살할 듯
절벽을 향해 부딪쳐오는
파도를 그냥 돌려보내는 것이 맞는지

절벽은 말할 수 없었다
달래주지 못했다
긴 세월을 보냈어도
사랑을 몰랐기에

사랑 · 2

달은 바다에
빠져 있었고
바다는 달을 안고 있었다

출렁일 때마다
격렬한 포옹을 했고
포옹은 사랑의 몸짓이었다

산산이 부서진 달은
금비늘 세워 파도가 됐고
파도가 된 달은 파닥이는 활어가 됐다

석양·1

산이 통째로 불타고 있다
귀천을 준비하며
온 산이 울긋불긋했다

제 소명을 다했다는 듯
미련 없이
갈 길을 서두르는 가을의 잔재들

산을 불쏘시개로
재가 되어 날아가려는 듯
하늘에 퍼지는 붉은 곡소리

석양·2

산이 불타고 있다
방화범은 알 수 없다
알 수 있는 것은
무위의 순수만이 태울 수 있는
불길
불길에도 한 잎 나뭇잎도
타지 않는다는 사실

그늘을 벗어버린
석불의 이마가
나뭇잎 대신 벌겋게
타고 있다

석양·3

붉은 노을이
하늘을 태워버릴 듯
타오르지만

정작 아무것도 하지 못한 채
어둠 속으로 숨어든다

석양 · 4

붉은 것은
노을이 아닌
하루가 쏟아 놓고 간
코피였다

수고로운 하루의
고달픈 노을의
발자국이다
피로 찍고 간

석양 · 5

눈앞에 펼쳐지는 석양도 아름답지만
집으로 가는 길
등 뒤에
석양도 아름답습니다

석양 · 6

이마에 두른
비단 한 자락이
서서히 풀리면서
강물에 드러눕는다

일시에 금비늘
은비늘을 일으켜 세우면서
강물은 거대한
한 마리 용이 된다

늦은 길의 철새가
여의주를 쪼아 물고
산 너머로 사라진다
뜯어낸 금비늘들이 바다로 눕는다

세상이 · 1

세상이 동화처럼 아름다울 수 있다면
솜사탕처럼
달콤하고 가벼웠으면
지저귀는 작은 새
예쁜 꽃
그리고 코끝을 스치는
연둣빛 바람
반짝이는 잎사귀
이렇게 세상이 아름다웠으면

세상이 · 2

세상이 동화처럼 아름다울 수 있다면
솜사탕처럼 달콤하고 가벼웠으면
지저귀는 작은 새
예쁜 꽃 그리고 코끝을 스치는
연둣빛 바람 반짝이는 잎사귀
이렇게 세상이 아름다웠으면

헌데 나뭇잎이 바람에
뒤집히듯
아름다울수록 뒤집혀
더러움 못 면하기 마련이어서
뒤집힌 것이 외양뿐이던가
안도 비위난정 뒤집히기 마련이어서

세월 · 1

나의 큰 스승은
선생님도 책도 아닌 세월
가르쳐줘도 모르고
설마 설마 하던 것을
지나가는 세월에서
배운다

세월 · 2

마음경에도
무위경에도
답이 없다

답이 없으면서
답으로 읽힘은
답이 있고 없고를 넘어섬이다

세월에 대한 풀이는
답이 아닌
해석일 뿐이다

야생화·1

너의 이름은 뭘까?
꽃을 피워야 이름을 알지!

메마른 땅에서
작은 꽃봉오리를 내밀다니

종일 봄을 속살거리는
바람과 수다라도 떠는 듯

열댓 살 계집애의 입처럼
옹송그리며 벌어지는 꽃잎들

야생화 · 2

꽃이면서
이름이 없는 꽃은
그냥 꽃일 뿐이다

피었다 지고
졌다 다시 피는
꽃은 무위의 표정이자 언어일 뿐이다

이름은 알아서 뭘하랴
피면 꽃
지면 낙화인 것을

야생화 · 3

손톱만 한 꽃잎으로도
나 여기 있어요
뽐내는 존재감

야생화 · 4

크고 고와야만
꽃이랴

제 빛깔 지니고
제 표정 지니면 꽃인 것을

우연 필연은 따져 뭣하랴
때 되면 피고 지는 것이 꽃인 걸

우연 없이 어찌 필연인들 있던가
우연이면서 필연인 두 이름이 꽃인 걸

오월·1

나뭇잎이 나부댄다
가릉가릉
바람에 살랑이며

오월이 왔다며
태평한 고양이처럼
친해진 햇빛이 알려준다

초록 잎의 싱그러움에
카메라 셔터음
아름다움을 아는 사람이
행복을 남긴다

오월 · 2

5월은
가시의 계절
가시로 찔러 흘린 피로
꽃잎한 장미
악가시에 찔려 향으로 터뜨리는
아카시아가
가시로 피우는 꽃이 아니던가

5월은 가시
찔려 피맛 보아야
꽃으로 꽃잎하는 소이로

장미의 계절
아카시아의 계절이 5월인 것을

외로움 · 1

가을볕에 여문 생쥐 한 마리
작은 손으로 씨앗을 먹다가
날 보더니
후다닥 가버렸다

하늘은 높이 올라
까만 씨앗 떨어지는데
다시 오지 않으려나

가을 깊어가는데
비는 내리는데
곧 겨울이 올 텐데
생쥐는 잘 있으려나

외로움 · 2

외로움을 알 무렵이면
벗하자고 하는 것이었다
허무의식

버리지 못하면
삶의 의미도 공허가 된다
소이로 외로움은 병균이다

나이들수록 병들어 가는
삶이 동행하는 외로움을
죽음에 이르는 병이라 했던가

허사 아닐 듯싶어
외로움으로 외로움을 달래보는
외로움 벗하고 사는 삶

유리창 · 1

하얗게 내리는 눈이
겨울이 뿜어낸 입김인지 알 수 없지만
유리창을 넘어오는 햇살은 뜨겁고 건조했다

내 안의 세상으론
삭풍과 동무하며 나타난
눈이 얼마나 시린지 알 수 없었다

그들이 만들어내는 하모니가
 내 맘과 몸을 유리창 안에 가둘 수 있다는 것도
몰랐다

유리 안의 세상은
무풍에다 따뜻하기만 하여
나무에 쌓이는 눈꽃이
어떤 대가를 치렀는지 모르고

아름답다 되뇌이는
천진난만한 무뇌의 유리창 안이다

유리창 · 2

원시와 문명 사이에
처져 있는 유리벽
밖엔 원시가
한 폭 실경화로 걸려 있고
안엔 문명들이
원시를 마주하고 살아간다

문명을 살아가면서
원시를 동경하고
원시를 동경하면서
문명을 향유하는 삶의 양면성이
오늘의 현주소다
현주소엔 원시에의 금지 표시가
문패로 걸려 있다

유월·1

장미 가시에 찔린 오월이 패혈증에 걸렸나 봅니다
절절 들끓기 시작하는 열을
빨간 장미꽃 속에 숨겨두고
도망이라도 가듯 유월이 되었습니다

나뭇잎 사이로 잘게 부서지는 햇빛이
세를 늘리느라 바쁘고
그와 반대로
점점 느른해지는 유월입니다

유월 · 2

6월이 숲의 계절인
소이를 아시는가
장미 가시에 찔려
피 흘린 놈
아카시아 향에
코피 터진 놈
장미 훔치려 월담했다
들킨 놈들이
숲으로 울타리친 은닉처
5월의 도망처가
6월인 게야

인연 · 1

꽃향기가 날리는 봄날
잔잔한 바람 따라
꽃잎이 지고

바람 따라온 붉은 실
꽃이 지면 열매가 온다는데

이별하면
새로운 연이 다가온다던데

인연 · 2

꽃향기가 날리는 봄날
잔잔한 바람 따라
꽃잎이 지고

지는 꽃잎
발자국 삼아
봄날은 가고

가고 옴의 사이
길 삼아 이별하면
새로 연으로 찾아옴 있을까

정 · 1

정은
시간이 부리는 마법
톱니바퀴처럼 맞춰가는 것

미운 정 고운 정이
세월이라는 장독에서 발효하고
우리만의 시간을 찾아가는 것

같은 시간을 공유하며
열쇠와 자물쇠처럼
꼭 맞는 그런 거

정·2

정을
열쇠통이라면
믿어줄까?
웃어줄까?
헛소리라 할까?

까? 까? 까?는 의문의 자물통
열쇠가 있어야
비밀창고가 열리듯
정의 창고도 열려야
허니 자물통 아니던가

책 냄새·1

책 냄새를 맡으면
손끝에 종이가 닿으면
편안하다

책 냄새·2

책에도 냄새가 있다
묵은 종이에
페인트의 찌꺼기 전에
글로 맡을 수 있는

코 아닌 마음으로 맡는
냄새도 있다
진리의 향기
감동의 여운으로 감기는 단내

책 냄새를 맡을 줄 알면
책 속의 비의(秘意)를 터득했음이니
바른 길 걸을 수밖에
책 속에 길이 있단 말 허사 아니어서

초여름·1

급할 것 없어요
바람에 묻은 당신의 체취
눈을 감고 느긋하게 맡는 거예요

기다리지 말아요
즐길 거예요
찰나의 이 순간을

창틀에 걸터앉은 아침 햇살만큼
반짝이는 웃음소리
꽃향기 같은 당신의 숨소리를

손끝에 닿기만 하는 바람이
그새
살랑살랑 초여름으로 갑니다

초여름·2

가는 봄
오는 여름 사이로
오고 가는 계절의 길이 있다

바람도 지나가고
구름도
구름 따라 과객도 지나간다

꽃 진 자리마다엔
여름이 찾아들고
여름과 함께 가을의 가숙지가 된다

봄에 가을을 가꾸는 이치
씨 뿌리지 않고는 거둘 수 없다는
무위의 질서와 다르지 않음이다

초여름
싱그러움에 독이 번져 묻어날수록
깊이나 두께를 더해 성하에 이르는

초여름·3

바람인 듯
비인 듯 바람이 분다

그저
조그만 씨앗인 줄 알았는데
대 죽처럼 쭉쭉 커버린 잡초들

한가로운 초여름
전쟁이다
잡초와

초여름 · 4

한가로운 초여름을
전쟁이라 했던가
웃자란 잡초와 싸우는

잡초와 잡사가 다르지 않음은
생각의 가지도 웃자라
전지가 필요한 때문

마음 다듬어
절간 하나 세우려면
기둥감 길러야

길러 기둥 세우고
보 얹는 일
초여름의 시작에서 가을로 이어져서

제3부

계절

봄 · 1

움푹 패이고 앙상하던 가지에
새봄이 입혀지니
바람도 인정을 품은 듯 따뜻하다

족쇄도 채울 수 없는
짧은 행보

물이 위에서 아래로 흐르듯
겨울에서 봄이 오는데
잡아둘 길이 없다

봄 · 2

본다고 봄인가
보여준다고 봄인가
꽃의 아름다움은
누구나 볼 수 있는 육안의 호사

봄이 보여주고 싶은
외양이 아닌
꽃으로 하고 싶은 말
그 말 읽을 줄 알아야 볼 줄도 앎 돼서

무슨 말을 하고 있을까
무슨 말을 하고 싶은 것일까
귀 없이도 들을 수 있는 말
'꽃은 하나님의 미소'

봄 · 3

밤사이 내린 비에
한 뼘 자랐다

봄 햇살에 또 자랐다
너른 품 대지에서 또 자랐다
올곧은 계절이 내어주는 자리에
굳건히 뿌리 내린 봄

도돌이표 찍는 봄인데
한 번도 같은 적이 없는 봄이다

봄·4

봄은 꽃의 계절
등식으로 풀면
꽃 = 봄
봄 = 꽃이란 이퀄

언어로 풀면
꽃은 무위의 주어
시의 전매특허품
이퀄을 부정하는 등식의 초월

꽃은 자연의 표정이고
언어이고 빛깔이다
이를 보여줌이 봄이고
봄으로 우리는 무위를 읽는다

봄 · 5

바람 따라 흩어지는 꽃잎들은 알았다
봄이 변했다는 것을
배신의 증표로
종일 바람 불고 비가 내렸다

가야 할 때를 아는 벚꽃
아름다운 이별을 꿈꿨지만
현실은 비에 젖은 꽃잎들로
이별의 발자국을 찍는다

봄·6

바람 따라 흩어지는
꽃잎
꽃은 필 때와 질 때
두 번 핀다

허니 어찌 낙화가
꽃 아니겠는가
꽃이면서 꽃이 아니고
꽃이 아니면서 꽃인 낙화

낙화는 발자국이다
육신 아닌 화혼으로 돌아가는
돌아가 돌아옴을 기다리게 하는
그리움이 된다

봄·7

서성이다
서성거리다 다가옵니다

매몰찬 꽃샘추위에도
한 번 떼어본 걸음을 멈출 수 없습니다

낚시찌처럼 드리워진 벚꽃이
사월을 낚아 올렸습니다

보내야 되겠지만
봄은 만개했습니다

봄 · 8

낙화는 떨어져
지는 꽃이 아니라
4월을 꽃나무의 높이로
끌어올려 피어있게 하는
꽃잎이다

계절을 끌어올렸다
내렸다
장난감으로 가지고 노는
순수에의 유희이자 육체의 언어
봄이 봄의 미학인 소이가 이러하다

꽃샘추위 · 1

땡강 부리는 아이처럼
놓지 못하는 미련함

생강나무꽃도
진달래도 펴서
따뜻한 숨결이 넘쳐나는데
제자리인 양 애쓰는구나!

그런데 어쩌랴?
계절은
앞으로밖에 못 가는데

꽃샘추위 · 2

순환의 질서란 게
물러설 줄 모르는
나아감만을 궤적으로 그린다

꽃샘추위란 게
따지고 보면
물러서지 않겠다는 생떼다

시쳇말론
버티기 심술이다
피는 꽃의 꽃다움을 시샘하는
오기다

봄은 오고 가을은 가는
가고 옴의 질서를 지켜
오기 때문에
봄은 온다로 푼다

밤비 · 1

이 밤이 가면
봄도 가는가

축축한 꽃무덤에서
진해지는 태양의 체향을 맡는다

지나가는 계절과
새로 오는 계절

엇갈림 속에
초하가 온다

밤비 · 2

어둠을 씻어내기라도
하려는 듯
밤새 빗선으로 물을 뿌려
어둠을 닦아낸다

닦아낼수록
두께를 더해가는 어둠
지워지지 않는 복면을 벗기려는 듯
중얼대는 주문의 행간을 적시는 밤비

어둠 대신
불면의 하얀 가슴을
헹궈내는 비의 음계가
새벽을 밟고 간다

가을 · 1

하늘을 받들고 살던 잎들이
그동안 오만에
얼굴을 붉히고 참회하는 시간입니다

충분히 열심히 살아온 시간 속에
선대에 받은 지혜로 영글었듯
후대를 위해 대지를 양분으로 채웁니다

지금 이 시각은
빈 들판을
붉은 노을로 채우며
서로가 서로에게
잘했다
쓰다듬고 쓰다듬는 계절입니다

가을 · 2

저리들
잎잎이 얼굴을 붉히고 있거니
까닭은 아시는가

돌아감이 부끄러워서지
한 번도 꽃으로 피워보지 못했으니
열매인들 할 수 있겠는가

빈 손으로 돌아감이
부끄러워 저리
붉힌 얼굴을 하고 있는 게야

어디로 가느냐고?
고향이겠지
고향이 어디냐고?

물었는가
어찌 인위로 답하겠는가
저 높은 가지가 가리키고 있는 곳이겠지

늦가을 · 1

텅 빈 들에서
햇볕 부스러기를 부지런히 줍는 참새들
그곳에서 평안을 낚는 나는
게으른 가을걷이 중

늦가을 · 2

영글 것은
제마다의 빛깔과 무게로
익어 있다

익기까진
꽃을 피워 개화로 열매하고
무지한 여름 땡볕과 천둥 번개를 이겨냈음이지

까닭으로
한 알의 열매 속엔 가을의 중량이 들어 있지
한 잎의 낙엽 속에 가을이 들어 있듯이

은행나무 · 1

나이 지긋한 은행나무가
엄청나게 많은 노랑 손수건을 걸었다
딱히 기다림이라는 것도 모르면서

잡을 수 없는 시간과 다가오는 계절의 스산함
받아들일 수밖에 없다는 것을
수없이 많은 계절을 견디고 알아버린 은행나무

노랑 잎이 똥 잎이 될 때까지
가을이란 이에게 잠시 설렌 적도 있지만
이미 많아진 나이테로 원하든 원하지 않든 간에

늦가을이란
초겨울의 동지라는 것을 아는데

노랑 손수건을
가지 가득 걸어놓은 까닭은
습관처럼 찾아오는
가을이어서

은행나무 · 2

거수(巨樹)
몸에 두른 수령답게
세월로 서 있다

플라타너스나
느티목 이웃하고
하는 키재기며

높이로 말하고
부피와 두께로 재는
당당함의 척도법

이름값으론
은행(銀行) 값도 함이니
두취(頭取)쯤 대접함이 어떨지

겨울 · 1

작은 폐지 하나가
비상하려는 듯 바람을 타고
나비처럼 팔랑거리며 날아오르다
곤두박질쳤습니다

아쉽지만
겨울은 그런 의미입니다
아무에게도 곁을 내주지 않는

그래서
희망을 입술에 묻니다
얼어붙은 대지에서
숨죽인 기다림으로

꿈꿀 수 있는 계절
기다림의 계절
희망을 품는 계절
멈추어진 계절에도
시간은 멈추지 않으니까

겨울·2

죽음의 계절
선 채로 시체가 되어 서 있다
쓸모가 없으니 저승사자도
끌고갈 이유가 없다

비록 육신은 검지만
빛깔이나 향기론 꽃잎할 수 없는
순백의 옥분으로 꽃잎하는
설화

순수 중의 순수의 순백으로
주어진 대로 설야·설산·설목으로
개벽한 육화계(六花界)
선 채로 시체가 돼 꿈꾸는 따뜻한 체온을 읽는다

눈 오는 날 · 1

눈을 감아봐
귀를 세워봐
들릴 거야

사르락
사르락
그리움이 쌓이는 소리

눈 오는 날·2

사르륵 사르륵
발자국 소리 따라오는 것 같아
뒤돌아보면
분분분 날리는 눈발뿐이다

동행자 없이도 찍고 가는
먼 설원에 나란히 찍힌
발자국이
그리움을 소환한다

사르륵 사르륵
내 발자국과 동행하는
단독자행
눈 내리는 날의 행보엔 가버린 날이 찍힌다

눈은 · 1

눈은 그리움이다
하얗게 밤을 밝히는
어둠에 물든 하늘까지
불면하게 하는

가슴을 가로지른
그리움의 뼈대가
굵어져
밤새 앓다가
새벽이면 묻어두는

눈은
제 몸으로 대지에
그리움을 가르치는 선생님이다
잊혀진 기억을 깨우는 열쇠이다

눈은 · 2

눈은 그리움이다
육화무늬 면사포를 쓴
나는 신부가 된다
그리움이 소환하는
가버린 날
내 소녀적 미소가
꿈과 사랑이 자리를 같이 한다

비로는 적실 수 없는
가슴을 적시는 눈은
그리움이다

제4부

시집 평설

■ 시집 평설

변용과 변형의 시법 실천 돋보여

박진환
(시인・문학평론가)

1. 전제

관념유희나 정서유희로 시를 풀이했던 것은 고전이다. 지금은 관념과 정서에 철저히 실패했을 때, 실패함으로써 새로운 관념을 탄생시키고 새로운 정서를 환기시켰을 때 시라는 새로운 이름으로 명명되고 명명에 값하게 된다.
 관념과 정서뿐만이 아니다. 기존・기성의 것에 대한 해석에도 철저히 실패, 기존・기성의 것을 새로움으로 탄생시켰을 때 시라는 이름으로 불리우게 되고 존재에 값하게 된다.
 시도 일종의 생물이어서 매시대마다 드러냄의 양상을 달리해 왔고, 또 달리 드러내 주기를 요구하는 시대적 요청을 외면할 수 없기 때문이다. 소이로 해서 시의 존재 이유나

가치, 그리고 시로서의 생명력을 획득, 유지할 수 있게 된다. 이 점에서 주어진 시대를 담아내는 용기(容器) 구실을 했을 때만이 시는 생명력을 획득하게 된다.

새로이 드러내 주기를 희망하는 시대적 요청은 많다. 그 많은 요청 중 불변의 것의 하나는 시도 현대적(現代的) 기획물(企劃物)이라는 점이다. '의도된 제작', '기획된 의도'를 포괄하는 현대적 기획은 시도 '의도'와 '기도'의 산물임을 말해주는 것이 되는 데 이는 시를 제작술의 산물로 보는데 연유한다.

정서의 유로적 표출이라는 천부성, 관념유희라는 타성을 탈피, 천성과 잘 길들여진 타성을 의도되고 기도된 기술로 이동, 의도한 바대로 제작한다는 데서 시를 출발시킨다 함이니 천성과 타성에의 거부가 된다.

이를 달리 풀이하면 천성과 타성의 거부를 통한 철저한 실패를 시법으로 한다는 뜻이니 이는 기존·기성의 것을 거부한 곳에서 시를 출발시킴으로써 새로움으로 태어나게 해 창조에 봉사한다는 뜻과 같게 된다.

여기에서 제기되는 것이 어떻게 봉사할 것이냐 하는 방법론이다. 방법론은 시법으로 달리 바꾸어도 무방할 것으로 보는데, 시법 없는 시는 천성의 시, 타성의 시와 같게 된다. 달리 풀이하면 기존의 시법을 새로운 시법으로 바꾸지 않고서는 새로운 시를 탄생시킬 수 없다는 이치와 같게 된다.

그렇다면 새로운 시를 창출시키기 위해서는 어떤 방법론, 곧 시법을 동원해야 할 것인가가 제기된다. 주어진 시법으로 제시될 수 있는 것으로 변용(變容)과 변형(變形)을 제시할 수 있을 것으로 본다. 그 이유는 변용과 변형 없이는 천성이나 타성은 물론, 기존·기성의 틀에서 일탈할 수 없기 때문이다. 소이로 해서 시는 새로움으로 태어날 수 없게 되고 새로이 태어나지 않고서는 창조에 값할 수 없게 된다. 창조에의 봉사는 새로운 시를 탄생시키게 되고 새로운 탄생을 위해서는 변용과 변형의 시법에 의존할 수밖에 없다는 이치를 성립시키게 된다. 그리고 이 이치가 다름 아닌 의도되고 기도된 제작술, 현대적 기획에의 충실이 되게 된다.

변용·변형의 시법은 현대시법을 대표하는 러시아 형식주의의 시법과 궤를 같이 하고 형이상시법에서의 컨시트나, 지적 조작으로서의 시법과도 그 표현은 달라도 동류항을 공유하고 있다는 점에서 맥락을 같이 한다고 할 수 있다.

변용은 러시아 형식주의의 낯설게 쓰기와 시법을 같이 한다. 본디의 표정을 드러내기에 실패하면 낯설게 드러냄이 되기 때문이다. 일종의 친숙성을 거부함으로써 비친숙성으로 드러내 기존·기성의 것을 개조함으로써 새로움으로 드리나게 하고자 한 의도적 제작술이 다름 아닌 낯설게 쓰기이고 우리 식으론 변용이다. 그러나 현대적 기획에서 보면 변용이 단순한 모습 바꾸기가 아닌 의도적으로 본디의 친숙성의 표정을 비친숙성으로 새로이 드러냄으로써 창조에 봉사한다는 뜻과 맞물려 있게 된다.

이 점에서 변용은 친숙성의 것을 비친숙성의 것으로 개조함으로써 새로움으로 태어나게 하는 창조가 될 수 있고, 이는 동시에 현대적 기획으로서의 의도되고 기도된 기술의 원용으로서 현대적 기획이 된다. 그리고 새로운 모습을 창출하기 위해 발상에서 창조까지를 상상력에 의탁함으로써 컨시트에 값함도 된다.

변형의 경우도 같은 맥락의 이치를 성립시킨다. 형태를 바꾸지 않고는 외양의 미화에는 기여할 수 있겠지만 창조에는 기여할 수 없게 된다. 그러나 기성·기존의 틀을 부수고 새로운 사물로 태어나게 했을 때 창조에 값하게 된다. 이치로 치면 새로운 창조물이 되기 위해서는 형태를 바꿔야 실현될 수 있다는 이치나 바꾸지 않고서는 기성·기존의 한계를 벗어날 수 없다는 뜻이 된다. 창조를 위한 개조, 개조를 위한 기술의 동원이 '의도되고 기도된 제작술' 현대적 기획이다.

여기에서 '의도'와 '기도'는 중요한 의미를 지니게 된다. 러시아 형식주의자들이 기존의 정서나 관념이 수반하는 자동 전달을 의도적으로 차단, 친숙성의 것을 배제함으로써 비친숙성의 것으로 새롭게 태어나게 함으로써 신선감과 신선감이 수반하는 경이감, 경이감이 수반하는 미적 충격을 체험하게 함으로써 창조에 값했듯이 변용·변형도 기존·기성의 것을 과감히 깨뜨려 새로움으로 태어나게 함으로써 체험할 수 있는 충격이 낯설게 쓰기가 체험하게 하는 시의 효용과 다르지 않기 때문이다.

김미화 시인의 다섯 번째 시집인 『변용 & 변형』에 접근하기 위한 통로 제시를 위해 동원한 현대적 기획으로서의 시법을 제시, 시집에 접근해 보기로 한다.

2. 변용의 시법과 미학

전장에서 밝혔듯이 변용은 일종의 낯설게 쓰기다. 낯익은 친숙성은 친숙성의 한계 밖의 것에 가 닿지 못한다. 본디의 표정 그대로밖에 진술할 수 없기 때문이다. 본디의 모습을 바꿈으로써 창조에 값하기 위해서는 부득이 본디의 모습을 바꿀 수밖에 없다. 바꿈으로써 새로운 얼굴로 태어나 충격과 감동을 동시에 제공해 주고 체험하게 할 수 있기 때문이다.
 의도적으로 왜곡·날조·은폐·위장을 통해 낯설게 형상화함으로써 새로움과 태어남이 감동으로 작용할 수 있게 되고 이 감동은 의도적이고도 기도된 제작에 의해 본디의 모습을 버리고 새로운 모습으로 태어났을 때만 가능하게 된다.
 시를 제시해 본다.

   가) 나는 외롭고 외롭다
      나는 외롭고 외롭다

      소리치고 뒹굴고
      대자로 나자빠져 보지만
      뒤돌아보는 이 없다
      손잡아 주는 이 없다

      제 몸뚱이에
      제 머리를 부딪쳐
      타종하는 종처럼

      쇠똥구리 쇠똥 굴리듯

외로움을 굴리고 굴려
깊어지는 겨울밤 파먹고 있다

나) 외로움이
눈발이 되어 소리로 쌓인다

밤의 두께보다 겹을 더한
두께로 켜켜이 쌓인다

동토의 소똥구리 한 마리가
외로움을 굴린다

밤새 굴려 커진 외로움의 무덤 하나
쇠똥구리는 지금 무덤을 파먹고 있다

 예시 가)는 「겨울밤·1」의 전문이고 나)는 같은 제목의 시 「겨울밤·2」의 전문이다. 두 예시를 나란히 병렬하고 있는데 가)는 눈 내리는 겨울밤이 체험하게 하는 쌓여만 가는 정적이 체험하게 하는 '외로움'이 환기시키는 정서적 진술을 담고 있다. 이에 반해 예시 나)는 '정서'적 터치를 정서 아닌 눈 내리는 소리가 쌓이는 '소리'를 두께로 계량

함으로써 정서의 객관화를 보여주고 있다. 달리 말하면 정서를 감각으로 대체, '외로움'을 청각화 '소리'로 물화하고 있는데, 이는 정서의 사물화라고 할 수 있다. 뿐만이 아니라 평면적 정서를 켜켜이 쌓이는 '소리'의 두께로 수평과 수직으로 구조화함으로써 평면을 입체로 변용하고 있음을 보여주기도 한다.

그런가 하면 예시 가)에서의 종연 '쇠똥구리 쇠똥 굴리듯/외로움을 굴리고 있다'를 예시 나)에서는 '밤새 굴려 커진 외로움의 무덤'으로 부피화 내지는 입체화, 정서의 감각화를 보여주고 있는데 일변 변용의 연습을 통한 실제화 같기도 한 시법의 원용이거나 실제로 보아줄 수 있게 한다.

특히 외로움이란 정서를 시각화, 두께로 쌓이게 한다든지, 외로움의 객관적 상관물인 '쇠똥구리'를 동원, 외로움을 '무덤'으로 형상화하고, 쇠똥구리로 하여금 이 무덤, 곧 외로움을 파먹게 함으로써 평면을 입체화하고 정서를 감각화로 대체함으로써 형상으로 재구성해 주고 있는 솜씨는 변용의 시법을 알고 구사한 것으로 보여져 시적 신뢰를 업해 주고 있다.

예시 「겨울밤·1, 2」가 정서의 감각화라는 내면적인 것을 외양으로 드러내 보여준 변용의 솜씨였다면 이번에는 외양을 변용, 낯설게 개조해낸 변용의 솜씨를 보기로 한다.

가) 커튼 사이로 달이 밝아
　　잠 못 든다고 투정하였더니
　　그새 멀어져 검은 하늘만 보인다

　　이제 제 갈 길 가야 하는
　　아들 따라가는지
　　저만치 가는 달

　　너는 아나 보다
　　어미 맘을
　　같이 잠 못 드는 게

나) 숙면의 단잠일 땐
　　커다란 동그라미에
　　불가한 무다

　　잠들지 못한 불면일 때만이
　　너는 그리움이고
　　외로움이고 슬픔이 된다

　　비로소 존재로 태어나는

동그라미에 그려 넣은
눈과 귀와 코의 항아님

　예시 가)는 「달·1」의 전문이고, 나)는 「달·2」의 전문이다. 예시 가)가 달이 환기시키는 의미론적 해석이라면 나)는 의미를 사물화로 이동, 낯설게 꾸며냄으로써 변용이 어떠한 용법으로 시를 구상화하는지를 보여주고 있다.
　예시 가)가 환기시키는 것은 달을 쳐다보면서 달에서 느껴지는 정서적 체험을 화자의 사변적 진술에 담아 제시해 주고 있다. 이와는 달리 예시 나)는 달을 '동그라미'로 제시했다가, 동그라미 속에 눈과 귀와 코를 그려 넣음으로써 '항아님'이란 존재로 탄생시키고 있다.
　화자가 달을 통해 체험하는 달밤을 벗하다 잠을 놓친 투정이나 '아들 따라가는' 것으로 유추되는 일단의 추정이나 달과 화자의 정신적 교감이 아닌 달에 이목구비를 갖추게 그려 넣음으로써 정서적 체험을 감각적 체험으로 이동, 존재화함으로써 변용의 또 다른 면모를 보여주고 있다.
　이상 두 소재의 4편의 시는 본디의 것을 새로운 것으로 이동, 구체화함으로써 변용을 통한 재구성이 무엇이고 변용이 어떻게 새로운 존재를 탄생시키는가를 보여준 것이 된다. 그리고 변용의 시법이 구사하고 있는 낯설게 재단함으

로써 새로이 태어나는 창조적 경로와 변용의 대상이 정서
였건 관념이었건 이를 변용을 통해 형상으로 재구성함으로
써 시의 창조적 경로를 체험하게 해주고 있다는 점에서 시
법에의 충실과 충실이 거둔 시적 성과를 변용으로 실증해
주고 있다는 설득력에 값하고 있음을 보여주었다고 할 수
있다. 이를 변형으로 옮겨 접근해 보기로 한다.

3. 변형의 시법과 미학

    가) 붉은 노을이
        하늘을 태워버릴 듯
        타오르지만

        정작 아무것도 하지 못한 채
        어둠 속으로 숨어든다

    나) 붉은 것은
        노을이 아닌
        하루가 쏟아 놓고 간
        코피였다

수고로운 하루의
고달픈 노을의
발자국이다
피로 찍고 간

 예시 가)는 「석양·1」, 나)는 「석양·4」의 각각 전문이다. 두 예시는 2연 10행 이내의 짧은 단시로서 '석양'이라는 자연의 한 공간을 나란히 진열, 대비시켜 주고 있다.
 예시 가)는 저물녘의 노을을 마주하고 서서 '하늘을 태워 버릴 듯/타오르는' 사양 공간을 시계가 포착한 한 공간으로 제시해 주고 있는 단조로운 단시다. 그러나 병렬하고 있는 예시 나)는 경우가 다르다. 노을의 한 단면을 재단해다 진열한 것과는 달리 붉게 타고 있는 석양을 '하루가 쏟아 놓고 간 코피', '노을이 찍고 간 발자국'으로 구체화, 평면적 공간 제시를 역동적 이미지의 동태적 이미지로 대체함으로써 변용이 어떻게 시를 재창조시키는지를 제시해 주고 있다.
 10행 이내의 짧은 단시로써 제시해 준 변용의 솜씨도 솜씨지만 발상도 당돌하다. 이 당돌함은 컨시트에 값할 수 있을 것으로 보는 데 신선하고 선명한 발상이 설득력을 체험하게 해주기 때문이다.

이번에는 정서도 공간도 아닌 존재론적 진술을 통한 변형의 솜씨를 제시해 본다.

    가) 매혹적인 눈빛이 없어도
        다 알 수 있는
        그런 거

        가슴 설레는 속삭임이 없어도
        알 수 있는

        네 마음
        내 마음

    나) 너와 나는
        눈으로 말한다

        가슴으로
        하는 말도 있다

        눈으로 당기면
        다가와 하나가 된다

가슴으로 당기면
끌려와 우리가 되는

 예시 가)는 「너와 나·1」, 나)는 「너와 나·2」의 각각 전문이다. 매혹적인 눈빛, 가슴 설레는 속삭임 없이도 속마음을 알 수 있는 너와 나라는 대인 관계를 진술해 주고 있는 시다. 역시 시편들이 간결하고 단조로우리만큼 정제돼 있다.
 예시 가)는 '너와 나'의 관계, 눈빛만으로도 속마음까지를 알 수 있는 친밀성을 제시하고 있다. 이런 너와 나라는 대자 관계를 눈과 가슴으로 말하는 통로를 통해 즉자 관계가 아닌 대자 관계를 설정해 주고 있는데 자타불이와 같은 존재의 피아를 넘어선 합일 관계를 설정해 주고 있다. 그런가 하면 예시 나)는 '당기면/다가와 하나가 된다'가 말해주고 있듯이 피아를 초월한 대자적 관계를 통해 우연이 아닌 필연성을 제시해 준다. 한마음만이 아닌 너와 나라는 두 존재가 합일체를 형성하는 '우리'를 성립시켜 주고 있다.
 철학적 존재론을 8행의 시를 통해 제시할 수 있는 것은 시의 매력이다. 시란 최소한의 언어를 투자하여 최대한의 감동을 마진으로 챙기는 언어미학이기 때문이다.
 '너와 나'를 '우리'로 합일시킨 존재의 필연성을 시로써 형상화, 특히 두 마음이란 내적인 것을 '우리'라는 객관적 존재로 변형해 내는 솜씨는 살만하다.
 시는 이러하거니와 시인의 의도도 살만하다고 본다. 그것은 시인이 시법에의 충실을 자신의 시로 실천했다는 점도 그렇지만 한 소재를 두 경로의 변용·변형으로 제시하고자 한 '기도되고 의도된' 현대적 기획은 높이 살만하다고 하겠다.

4. 결어

 50여 편의 시를 의도적 제작인 변용·변형의 시법으로 구체화 제시해 주고 또 스스로의 시로 실제화해 준 시인의 배려에도 방점을 찍을만하다고 본다.
 변용·변형의 시법을 ㅣ름으로 실천, 실제화한 노고에 박수를 보낸다.

변용 & 변형

2025년 6월 10일 인쇄
2025년 6월 20일 발행

지은이 / 김미화
발행인 / 박진환
펴낸곳 / 조선문학사
등록번호 / 1-2733
주소 / 03730 서울 서대문구 통일로 389(홍제동)
대표전화 / 02-730-2255
팩스 / 02-723-9373
E-mail / chosunmh2@daum.net

ISBN 979-11-6354-354-1

정가 10,000원

* 인지는 저자와 합의 하에 생략
* 잘못된 책은 서점에서 교환해 드립니다.